Made in the USA
Monee, IL
26 November 2022

18599744R00061